SPECJALNE MOCE

PRZYGODA Z MAPĄ

książka o DYSLEKSJI

Dr Tracy Packiam Alloway

Ilustrowała Ana Sanfelippo

ZIELONA SOWA

Szymek i jego koledzy pojechali
na obóz harcerski.
Dzieci były tak podekscytowane,
że biegały po całym obozowisku.

– To będą najlepsze wakacje wszech czasów! – zawołał Szymek.

– Uwaga, dzisiejsze zadanie polega na zdobyciu flagi – wyjaśniła instruktorka Joasia. – Użyjcie mapy, żeby odnaleźć flagę drużyny i wrócić do obozu przed zmrokiem.

– Szymku, ty będziesz wskazywał drogę – dodał instruktor Maciek i podał chłopcu mapę. Szymek poczuł dławienie w gardle.

Zrobiło mu się niedobrze na myśl o tym, że będzie musiał przewodzić całej grupie. Powoli rozwinął mapę. Starał się ją odczytać, ale słowa i liczby tańczyły mu przed oczami.

– Czy mógłbym dostać inne zadanie? – wyszeptał. Ale nikt go nie usłyszał. Wszyscy byli zajęci przygotowaniami do wyprawy.

Biedny Szymek próbował odczytać mapę,
ale słowa wciąż się plątały i zlewały ze sobą,
gdy na nie patrzył!
Natalka zachichotała:
– Szymek trzyma mapę do góry nogami!

– Myślę, że musimy pójść w tamtą stronę – wyjąkał chłopiec.
Hania zerknęła mu przez ramię.
– Nieprawda – zaprotestowała. – Musimy pójść
w przeciwnym kierunku.

Harcerze wyruszyli na poszukiwania flagi. Szymek trochę się ociągał i szedł na samym końcu. Nagle zauważył starą studnię.

Był przekonany,
że na jej dnie czai się troll,
więc przyspieszył kroku.

– Chyba się zgubiliśmy – jęknął Tomek, po czym zerwał się z ziemi jak oparzony. – Blee, usiadłem na czymś obrzydliwym!
– Kierujmy się na północ – powiedział Szymek.

Bardzo chciał zaprowadzić grupę do celu.

Dzieci przeszły przez bramę
i zaczęły iść przez łąkę,
gdy nagle zaatakował je byk!

– To chyba nie jest północ! –
wrzasnęła Hania. – Uciekajmy!

Hania zabrała Szymkowi mapę i wyprowadziła wszystkich z powrotem na ścieżkę. Wtedy Szymek zobaczył ptasie gniazdo. Spróbował zagwizdać melodię, którą wyśpiewywał czerwony ptaszek.

– Jeśli skręcimy tutaj w lewo, ta droga powinna nas doprowadzić do flagi – powiedziała Hania.

Ale Szymek jej nie słuchał. Był zbyt zajęty oglądaniem kamieni pokrytych mchem. Obok rosło też kilka pięknych muchomorów.

Szymek szybko zamrugał, jakby robił zdjęcie oczami. Obraz muchomorów i kamieni od razu zapadł mu w pamięć.

Wreszcie drużyna dotarła do mostu.
– Czy ktoś widzi flagę? Powinna być gdzieś tutaj – powiedział Antek.

– Nie widzę jej – jęknął Tomek.
– Musi gdzieś tu być! – zawołała Hania.

Szymek nie słuchał kolegów. Obserwował mrówki, które właśnie wspinały się na most. Gdy podniósł wzrok, zobaczył, że coś czerwonego wystaje zza krzaków.
– Hurra! – Złapał flagę i zamachał nią nad głową.

– Juhuu! – wiwatował Tomek. –
Szymek znalazł flagę!

W tym momencie podmuch wiatru wyrwał mapę z rąk Antka. Wpadła prosto do rzeki!

– O nie! Jak my teraz znajdziemy drogę do obozu?! – krzyknął Antek. – Zgubimy się!
Ale Szymon wcale się tym nie przejął.

Nie myślał o tym, gdzie jest góra, a gdzie – dół, gdzie prawo i lewo, albo północ czy południe. Myślał tylko o miejscach, które zapamiętał.

– Chodźcie za mną! – zawołał. – Pokażę wam drogę.

Musimy przejść koło porośniętych mchem kamieni i czerwonych muchomorów.

Potem musimy minąć drzewo, na którym śpiewał ptaszek.

Tutaj jest łąka, na której spotkaliśmy byka. Cii, tylko go nie obudźcie!

Zaraz miniemy starą studnię.

Gdy przechodzili obok gęstych krzewów, coś zaszeleściło.
– Co to było? – pisnął Antek i złapał Szymka za ramię.

Spośród gałęzi wyskoczyła wiewiórka.
– Nie bój się – uspokoił Antka Szymek. – Jesteśmy już prawie na miejscu.

Wtem Szymek zauważył coś czerwonego wśród liści.
– Tam! – zawołał. – To znak obozowiska!

– Szymku, udało ci się! – pisnęła Hania.
– Jesteśmy na miejscu! – krzyknęła Natalka.

– Jak znalazłeś drogę bez mapy? – zapytał Tomek.
Wszyscy popatrzyli na Szymka, a on się uśmiechnął i powiedział:
– Zapisałem sobie wszystkie te miejsca w pamięci.

– Hurra! – zaczęli wykrzykiwać harcerze. –
Po co nam mapa, skoro mamy Szymka!

UWAGI DLA RODZICÓW I NAUCZYCIELI

Dysleksja to dość powszechne zaburzenie skutkujące specyficznymi trudnościami w nauce czytania i pisania.

CZYTANIE

Dzieci dotknięte dysleksją często mówią, że słowa, na które patrzą, po prostu „skaczą" po stronie, a niektóre litery (np. „b" i „d" czy „p" i „g") mieszają się ze sobą. Ponieważ dziecko musi włożyć wiele wysiłku w przeczytanie jakiegokolwiek tekstu, często zapomina, o czym czyta.

ORIENTACJA W TERENIE

Czytanie mapy może sprawiać trudności dzieciom cierpiącym na dysleksję, ponieważ często mylą im się kierunki lewo/prawo i góra/dół, jak również strony świata. Może im się to przytrafić nawet w znanym otoczeniu.

PAMIĘĆ

Dzieci z dysleksją często wykazują słabą werbalną pamięć roboczą. Oznacza to, że mają trudności z zapamiętywaniem informacji wypowiadanych przez kogoś na głos, takich jak polecenia czy nowe słowa i nazwy.

Zastanów się, czy ćwiczenia, które dajesz do wykonania dziecku z dysleksją, są dostosowane do jego potrzeb i ograniczeń. Przeczytanie tekstu czy mapy może być dla niego trudne. Jednak z drugiej strony dzieci cierpiące na dysleksję mają dobrą pamięć wzrokową. Oznacza to, że doskonale zapamiętują charakterystyczne miejsca i przedmioty.

OMÓWIENIE TEKSTU Z DZIECKIEM

Wyjaśnij dziecku, czym jest dysleksja, i wytłumacz, że może mieć ona wpływ na umiejętności czytania, pisania oraz literowania. Opowiedz też o pozytywnych aspektach tego zaburzenia: osoby dotknięte dysleksją często są kreatywne, ciekawe świata i mają bujną wyobraźnię. Poniżej znajdziesz zestaw pytań, które ułatwią ci rozmowę z dzieckiem i pomogą mu lepiej zrozumieć treść książki.

(s. 4) Jak twoim zdaniem czuł się Szymek, gdy instruktor podał mu mapę?

(s. 10–11) Szymek zwrócił uwagę na wiele rzeczy, których nie zauważyli jego koledzy. Jak udało mu się doprowadzić drużynę do obozu bez mapy?

(s. 6) Szymek miał trudności z czytaniem mapy. Jak sądzisz dlaczego? Czy ty też musisz czasami zrobić coś, co jest dla ciebie trudne?

(s. 20–21) Szymek znalazł drogę powrotną do obozu i został bohaterem. Jak – twoim zdaniem – czuł się pod koniec tej przygody? Co czuli koledzy Szymka?

WSKAZÓWKI UŁATWIAJĄCE NAUKĘ

Oto garść wskazówek, które pomogą dziecku wzmocnić pamięć i zostać bohaterem jak Szymek!

Z LOTU PTAKA

Zachęć dziecko, aby wyobrażało sobie pokonywaną drogę z lotu ptaka. Dzięki temu łatwiej wróci do punktu wyjścia.

WIZUALIZACJA

Aby dziecko lepiej orientowało się w terenie, zaproponuj mu, żeby najpierw wyobraziło sobie, jak krok po kroku pokonuje daną trasę. Gdy w rzeczywistości wyruszy w drogę, wszystko wyda mu się bardziej znajome.

WIĘCEJ RUCHU!

Badania wykazały, że gdy dziecko się porusza w trakcie nauki, jest bardziej prawdopodobne, że zapamięta nowe informacje.

MUZYKA

Słuchanie muzyki podczas nauki może pomóc dziecku zapamiętać to, czego się uczy.

UKŁADANKI

Układanki to świetny sposób na rozwinięcie u dziecka umiejętności dostrzegania wzorców.

Tekst: Dr Tracy Packiam Alloway
Ilustracje: Ana Sanfelippo
Tłumaczenie: Ewa Kleszcz
Redaktor prowadzący: Joanna Liszewska
Korekta: Anetta Radziszewska
Opracowanie graficzne okładki: Kamil Pruszyński
Opracowanie graficzne i skład: Michalina Paczyńska

Wydanie I

ISBN 978-83-8154-323-1

Wydawnictwo Zielona Sowa Sp. z o.o.
00-807 Warszawa, Al. Jerozolimskie 94
tel. 22-379-85-50, fax 22-379-85-51
www.zielonasowa.pl
wydawnictwo@zielonasowa.pl

Dla mojego zabawnego superbohatera Magnusa, który zawsze kreatywnie rozwiązuje problemy.